Sonar 27

JAN NOVÁK / JAROMÍR 99
TSCHECHEN-KRIEG
AUS DEM TSCHECHISCHEN VON MIRKO KRAETSCH

VOLAND & QUIST

 This project has been funded with support from the European Commission. This publication reflects the views only of the authors, and the Commission cannot be held responsible for any use which may be made of the information contained therein.

Die Autoren möchten sich bei folgenden Personen und Institutionen bedanken:

Josef Mašín, Zdena Mašínová, Johanka Švejdíková und Anička Švejdíková für die Geduld, der Firma Wacom, dass sie ein Tablet zur Verfügung gestellt hat, Tauer Computer für den vorbildlichen Service.

SONAR 27

Originaltitel:
„Zatím dobrý" by Jan Novák & Jaromír 99 (Argo, Paseka 2018)
copyright © 2018 by Jan Novák & Jaromír Švejdík

1. Auflage 2019

Verlag Voland & Quist, Berlin, Dresden, Leipzig 2019
© der deutschen Ausgabe by Verlag Voland & Quist GmbH
Korrektorat: Annegret Schenkel
Umschlaggestaltung: HawaiiF3 unter Verwendung von
Illustrationen von Jaromír 99
Satz/Lettering: HawaiiF3
Druck und Bindung: PBtisk, Czech Republic

www.voland-quist.de

IMMER MIT DER RUHE, BLOSS KEINEN BLÖDSINN JETZT. WAHRSCHEINLICH HAT UNS DER ARSCH VERPFIFFEN. RUHIG BLEIBEN! NOCH PASSIERT NIX.

DAS MUSS EIN IRRTUM SEIN, GENOSSEN.
LOS, MACH HIN, BEWEG DEINEN HINTERN!
AHA, DU BIST WOHL DIESER BEDEUTENDE POLIT-TYP, HM?

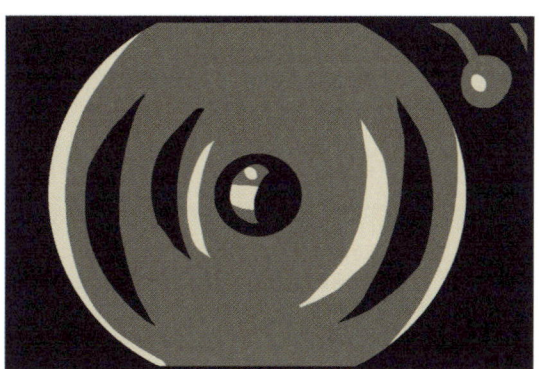

CTIRAD MAŠÍN, 11.8.1930, STUDENT AN DER TECHNISCHEN HOCHSCHULE

JOSEF MAŠÍN, 8.3.1932, KRAFTFAHRER BEI DER FORSTVERWALTUNG

IN IHREN VERHÖRRÄUMEN IN DER BARTOLOMĚJSKÁ ULICE UND IN RUZYNĚ BEI PRAG BETRIEB DIE STAATSSICHERHEIT IHR „FLIESSBAND FÜR GESTÄNDNISSE". STATT DASS ABER TATSÄCHLICH ERMITTELT WURDE, SOLLTEN DIE INHAFTIERTEN EHER PSYCHOLOGISCH GEBROCHEN WERDEN. DESHALB GING DEN VERNEHMUNGEN NORMALERWEISE EINE GEZIELTE DESORIENTIERUNG VORAUS.

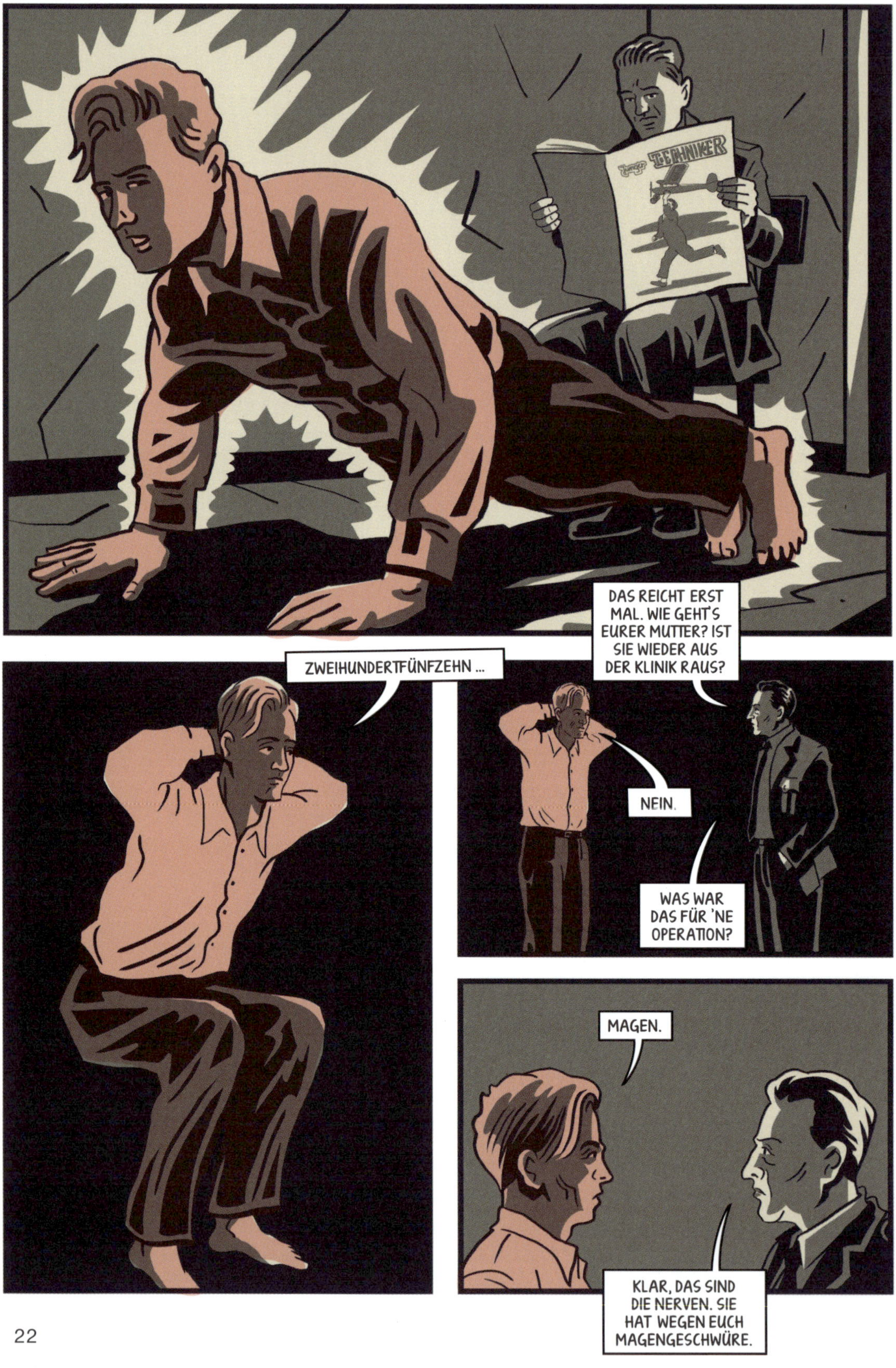

In den Fünfzigerjahren wurde Patienten in der Tschechoslowakei nicht gesagt, dass sie Krebs haben. Meist konnte man ihnen sowieso nicht helfen.

Oh Gott, Mama! In was für Klamotten läufst du denn rum?

Wer ist denn das, Nenda?

Omi, Mama ist gekommen.

Hast du wenigstens eine leise Ahnung, warum sie sie mitgenommen haben?

Die vermaledeiten Bengel! So nach ihrem Vater zu kommen ... Und was haben sie im Krankenhaus bei dir gefunden?

Eben nicht! Da war was im Busch, das schon, Radek ist nachts oft weg gewesen, aber ich frage ihn nie aus. Nichts wissen ist immer am besten. Darauf hat mich mein Mann im Krieg geeicht.

Angeblich nichts weiter. Ich soll essen, auf was ich Appetit hab.

Gott sei Dank, wenigstens dafür.

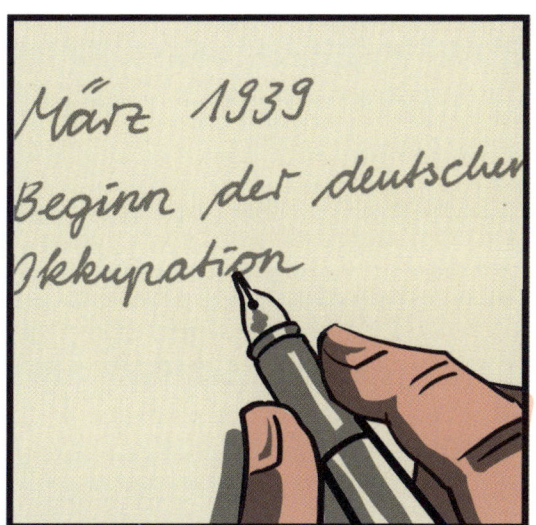

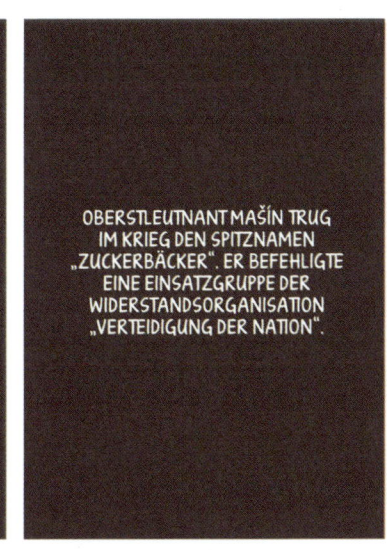

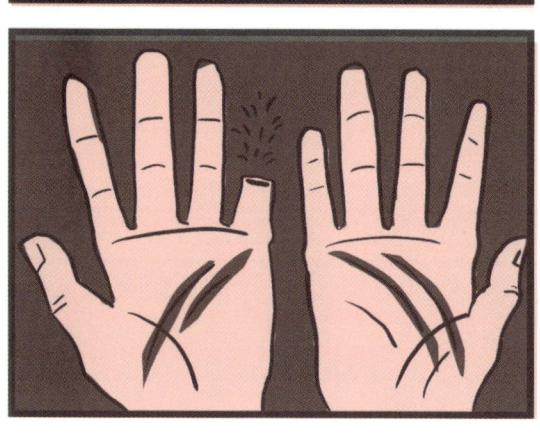

> DER FUNKER PELTÁN UND MAŠÍNS RECHTE HAND, HAUPTMANN MORÁVEK, KONNTEN AUS DER KONSPIRATIVEN WOHNUNG ENTKOMMEN. MORÁVEK BÜSSTE DABEI EINEN FINGER EIN UND PELTÁN VERLETZTE SICH SCHWER AM KNÖCHEL, ABER BEIDE SETZTEN IHREN AKTIVEN WIDERSTAND FORT. SCHLIESSLICH WURDE MORÁVEK IM MÄRZ UND PELTÁN IM JULI 1942 VON DER GESTAPO ERSCHOSSEN.

"LEBT ER??"

"JA."

"UND EURE MUTTER HABEN SIE ALSO AUCH EINGEKNASTET, JA? DU, DIE GESTAPO-LEUTE WOLLTEN SIE ALS DRUCKMITTEL GEGEN EUREN VATER BENUTZEN."

GEFÄNGNIS PRAG-PANKRÁC, DEZEMBER 1941

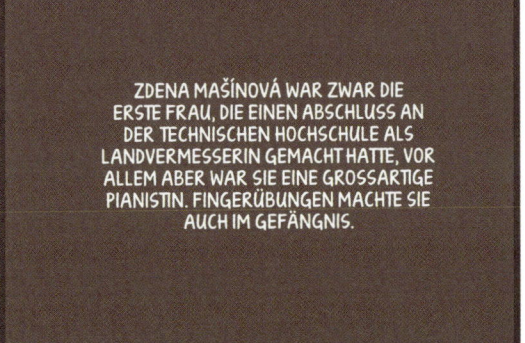

SO, HEUTE SCHREIBST DU MIR AUF, WAS FÜR EIN VERHÄLTNIS DU ZUR ARBEITERKLASSE HAST.
NA EIN POSITIVES. ICH HELFE DER ARBEITERKLASSE BEI JEDER GELEGENHEIT.
ABER WIE HILFST DU IHR DENN KONKRET?

MÖNSCH, TANZEN TUSTE ABER ORDENTLICH. DAS IST MEINE ALTE. DU, KANNSTE DIE NICH EIN BISSCHEN ÜBERS PARKETT SCHLENKERN? DIE SCHUFTET DEN GANZEN TAG IN DER FABRIK UND HAT NULL GAUDI.

ABER DAS BUMSEN ÜBERLÄSSTE MIR.

DAS HAT ER ECHT GESAGT, „DAS BUMSEN ÜBERLÄSSTE MIR"?
DAS IST EIN ZITAT.

DU, DAS IST GUT, ABER SCHREIB DAS NICHT. MACH LIEBER DEINE HALTUNG ZUM MACHTWECHSEL IM FEBRUAR '48 KLAR.
ALSO, DA WAR ICH ECHT WÜTEND, DASS AUSGERECHNET UNSERE FAMILIE SO RICHTIG BOURGEOIS SEIN SOLL ... WÄRE MEIN VATER PROLETARIER GEWESEN, DANN KÖNNTE ES HEUTE IN PRAG VIEL SCHÖNER SEIN.

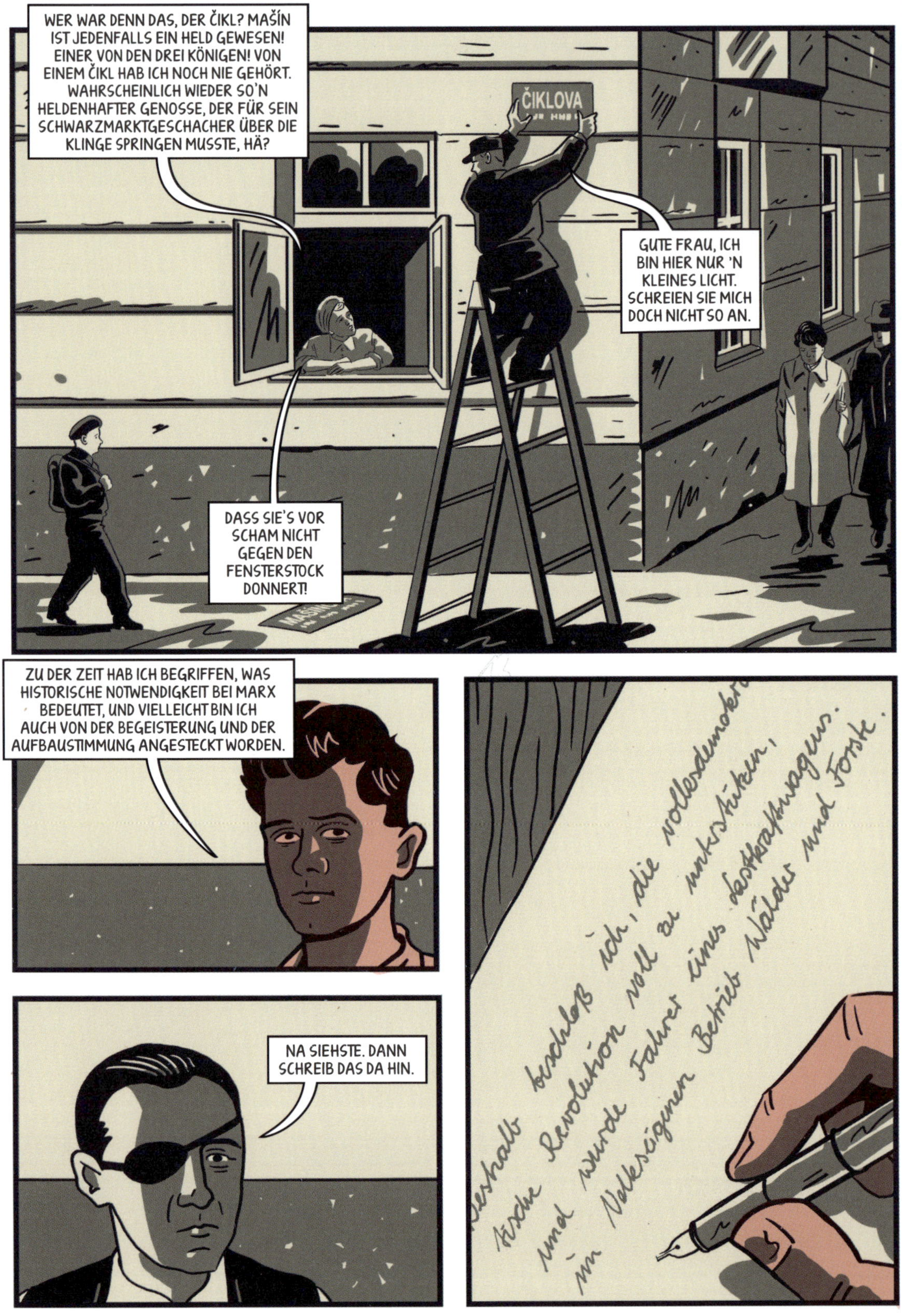

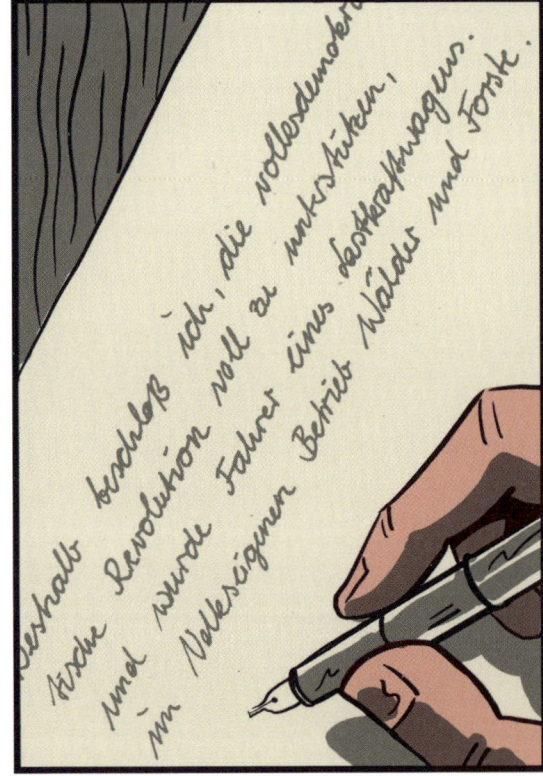

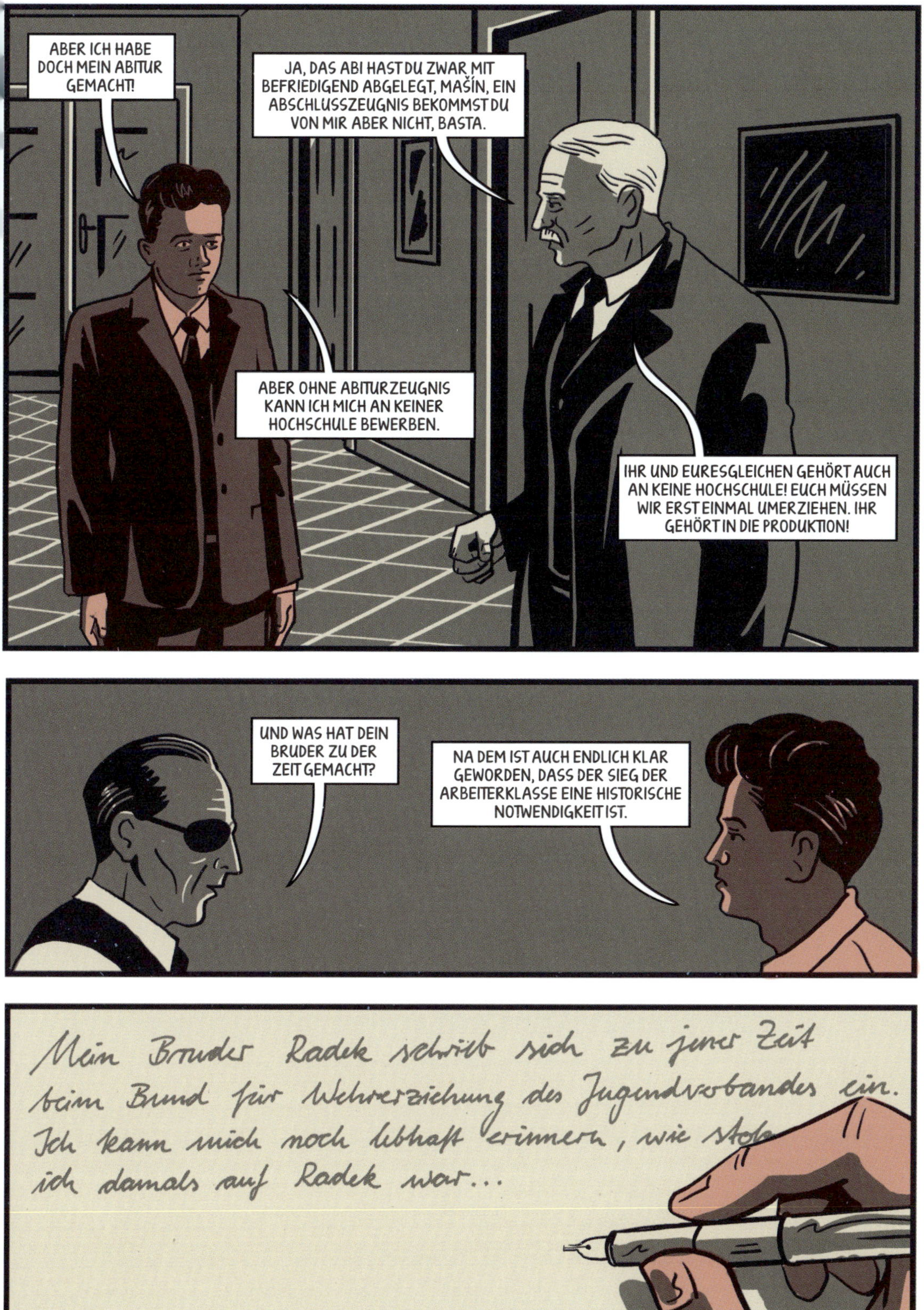

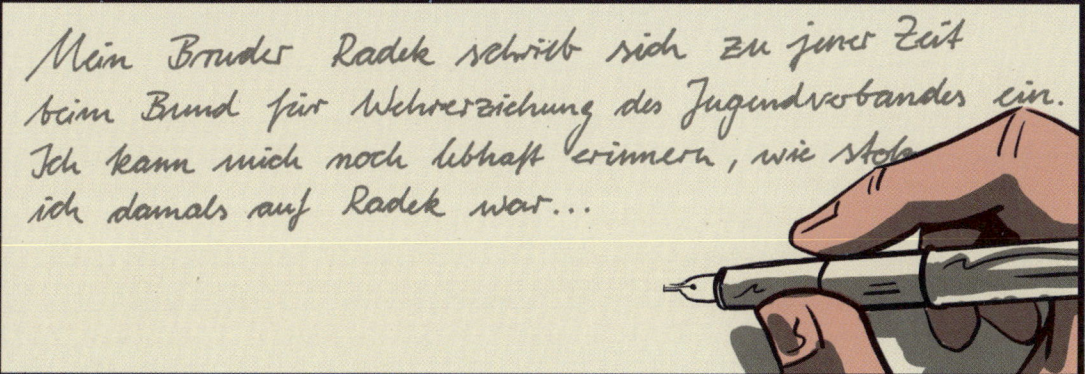

Der Bund für Wehrerziehung des Jugendverbandes schenkt meinem Bruder sein Vertrauen, und sie schickten ihn zu einem Spezialkursus für Partisanen.

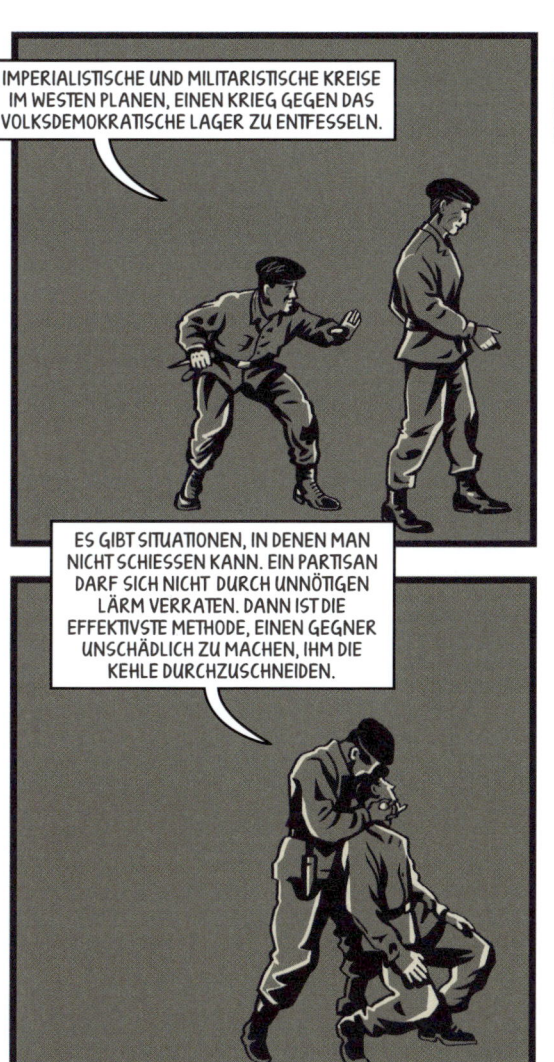

Viele praktische Erkenntnisse, die Radek im Kursus erworben hatte, gab er dann in seiner Freizeit uneigennützig an andere weiter.

Zu jener Zeit lernte ich ein sehr klassenbewußtes und fortschrittliches Mädchen kennen.

DER HASS AUF UNSERE VOLKSDEMOKRATISCHE VERFASSUNG VERLEITETE DIESE BESTIE ZUR VORBEREITUNG TERRORISTISCHER AKTIONEN, UND ZWAR AUF WUNSCH DER SPIONAGEZENTRALEN VON AMERIKA, ENGLAND, FRANKREICH UND JUGOSLAWIEN, UND NATÜRLICH AUCH DES REVANCHISTISCHEN DEUTSCHLANDS. MILADA HORÁKOVÁ RECHNETE SOGAR MIT EINEM ATOMKRIEG ...

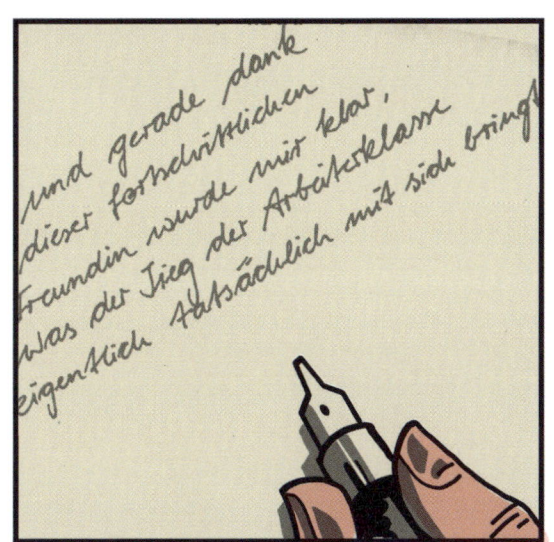

beteiligten uns an diversen freiwilligen Arbeitseinsätzen. Zum Beispiel an einer Sammlung von Alteisen.

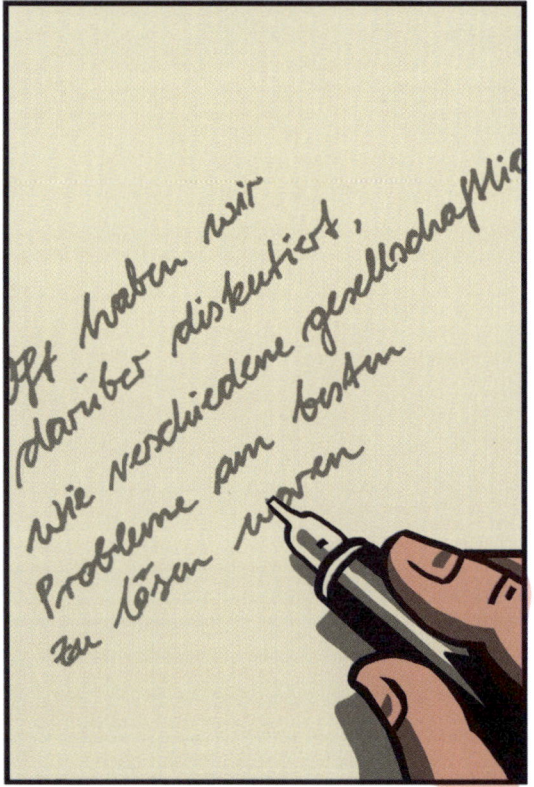

Oft haben wir darüber diskutiert, wie verschiedene gesellschaftliche Probleme am besten zu lösen wären

UND, IST WAS PASSIERT? HAST DU WAS GESEHEN?

ICH WEISS AUCH NICHT ... EXPLODIERT IST NICHTS.

Und dann kam das Dekret vom National-
ausschuß, aber da waren wir schon
politisch gereift.

> Mein Bruder war politisch so gereift, daß ihn auch dieses Dekret überhaupt nicht aus der Ruhe brachte und er sich politisch weiter aktiv engagierte.

ACH HERRJE, ENTSCHULDIGUNG ... DA HAB ICH MICH WOHL GEIRRT. IST DAS NUMMER 26?

IST ES NICHT. DIE GERADEN ZAHLEN SIND AUF DER ANDEREN STRASSENSEITE.

ACH SO, ENTSCHULDIGEN SIE BITTE. PARDON.

Als ich in Jesenik war, fuhr ich nur an Feiertagen heim nach Poděbrady. Bei uns begehen wir vor allem den 1. Mai.

Im Wald arbeitete ich mit einem Aktivisten zusammen, der für die Erfüllung des Fünfjahresplans seine Seele gegeben hätte, sodaß ich nur selten nach Hause auf Besuch gekommen bin.

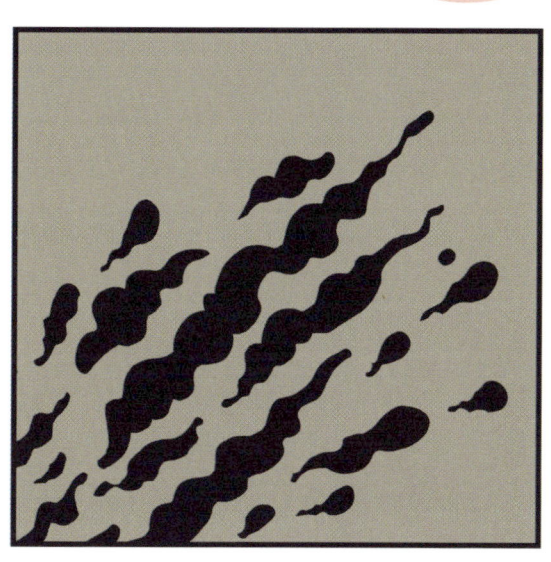

Dieses Jahr habe ich mit meinen Schichtkollegen den Plan für die Ausbeute von Holz um 10% übererfüllt.

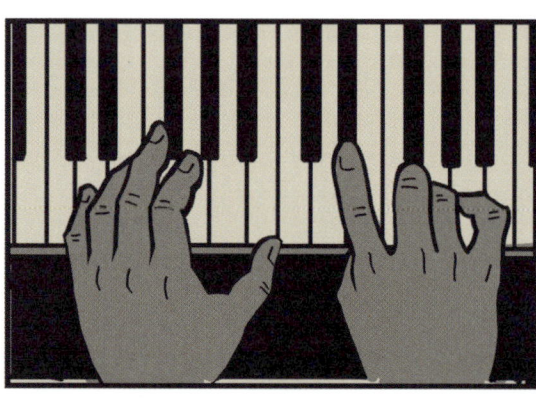

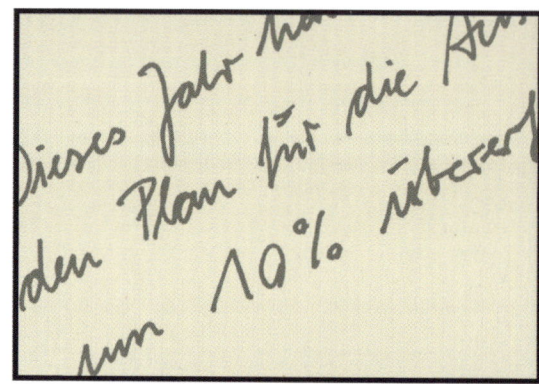

DREI HOCH VIER ...
SECHZEHN ...
ZWEI HOCH VIER ...
SIEBENUNDZWANZIG MAL DREI ...
GLEICH BIN ICH VÖLLIG PLEMPLEM ...
ABER WIE? ICH WEISS ...
ICH MUSS SCHNELLER WERDEN, SOLANGE ICH NOCH KLAR DENKEN KANN ...

AUFSTEHEN!

HÖRT MAL, DER JÜNGERE IST VORLAUT WIE 'N AFFE. DER STECKT NIRGENDWO DRIN, DA HÄTTE DER NIEMALS SO DIE GROSSE FRESSE. IHR ONKEL IST DAZU GEKOMMEN WIE 'N BLINDER ZUM GEIGESPIELEN. ABER DAS IS 'N REAKTIONÄR WIE AUSM LEHRBUCH. UND WAS IST MIT DEM ÄLTEREN?
DER IST JETZT REIF. DER FÄHRT SCHON VIER TAGE FLIESSBAND.

DANN FÜHLEN WIR DEM MORGEN MAL AUFN ZAHN. UND ICH WETTE, WIR KRIEGEN RAUS, DASS ER ALLEINE UNTERWEGS WAR.

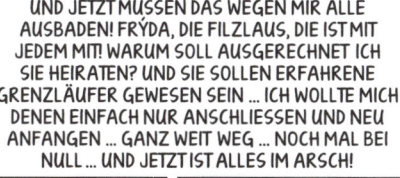

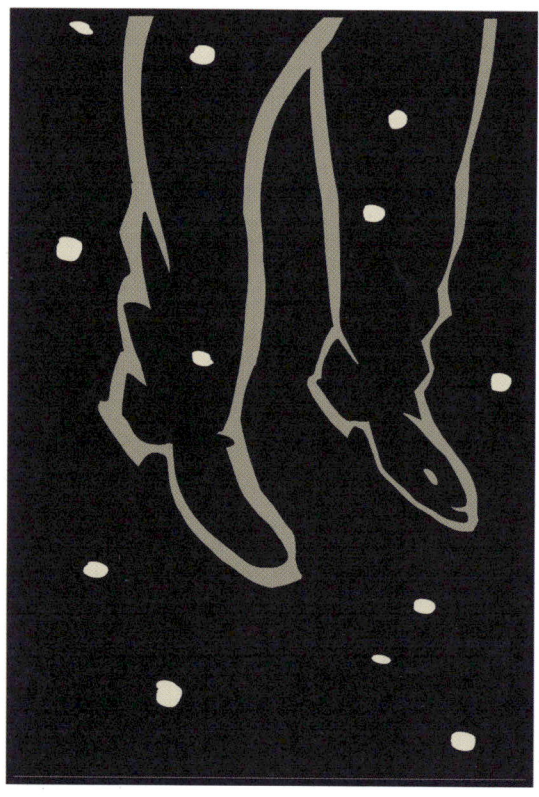

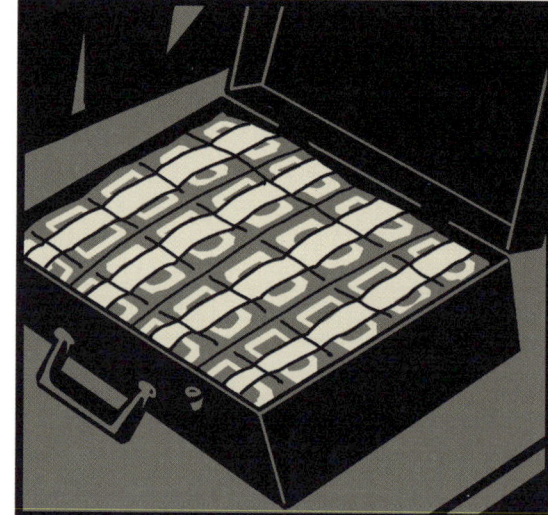

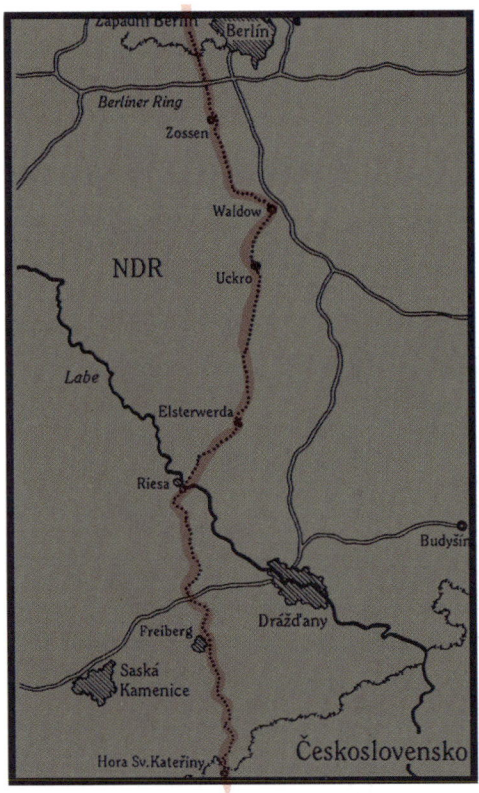

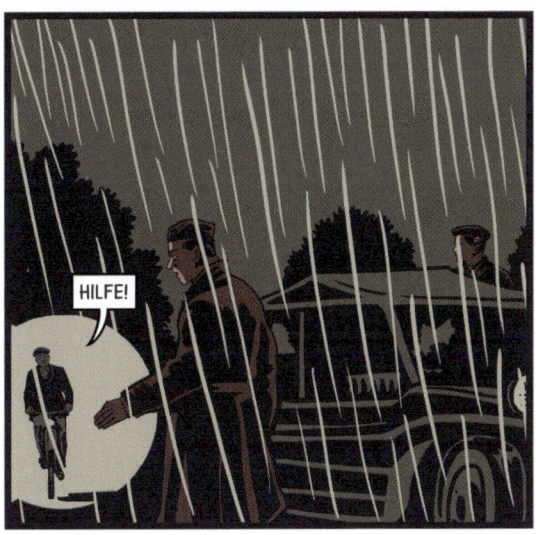

WAS IST DAS DENN, EIN FREIBAD? WIR MÜSSEN UNS LANGSAM VERKRIECHEN. ES WIRD SCHON HELL.

BERLIN 160
101
Transit
ZU FUSS SCHAFFEN WIR DAS NIE.
WIR WÄR'S MIT ZUGFAHREN?
DAZU BRÄUCHTEN WIR EIN PAAR MARK, MANN ...
ICH VERTICK IRGENDWO DIE UHR UND DIE TABAKDOSE.

NACH BERLIN? IN DEN AMERIKANISCHEN SEKTOR?

JAWOHL.

MICH HABEN SIE ZU KRIEGSENDE IN DER TSCHECHEI GEFANGEN GENOMMEN. DIE TSCHECHEN, NICHT DIE RUSSEN. ICH WAR JÜNGER ALS IHR. ZWEI MONATE HABEN WIR DANN AUF DEM NACKTEN ACKER GESCHLAFEN ... ZUM GLÜCK WAR MAI, ALS DER KRIEG ZU ENDE WAR.

UND ICH HAB IM KRIEG FÜNF JAHRE EINGESESSEN. IN EINEM DEUTSCHEN KONZENTRATIONSLAGER.

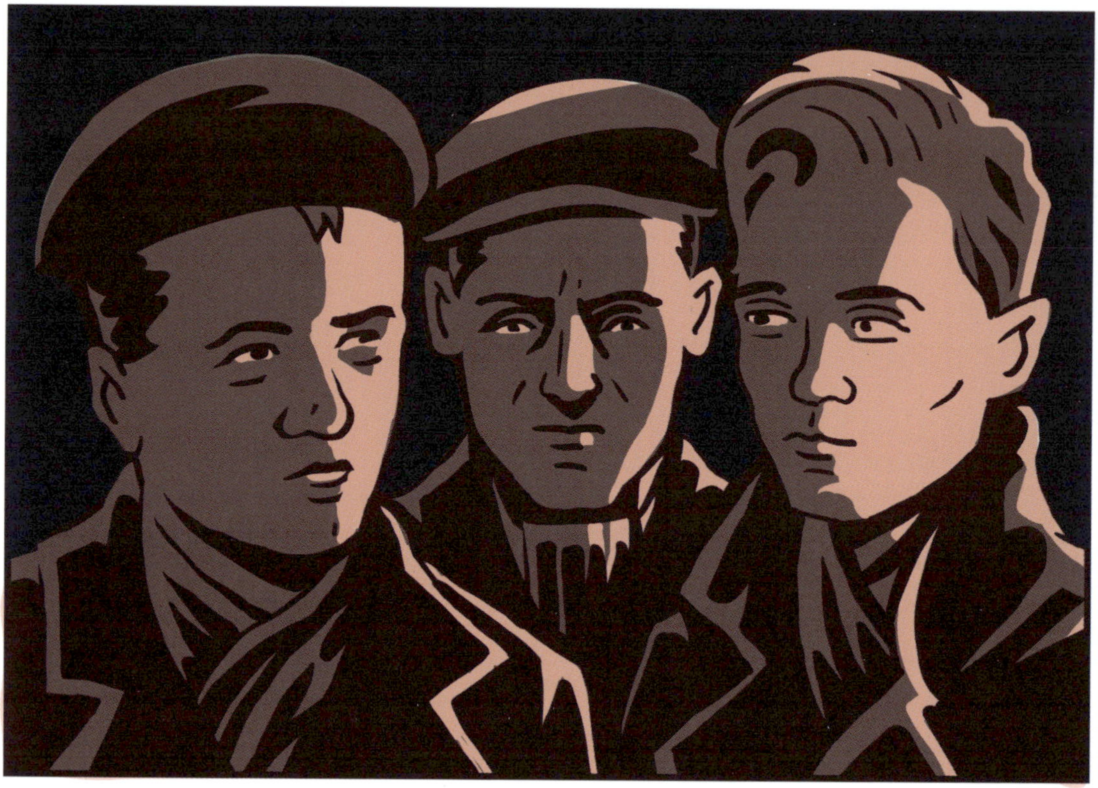

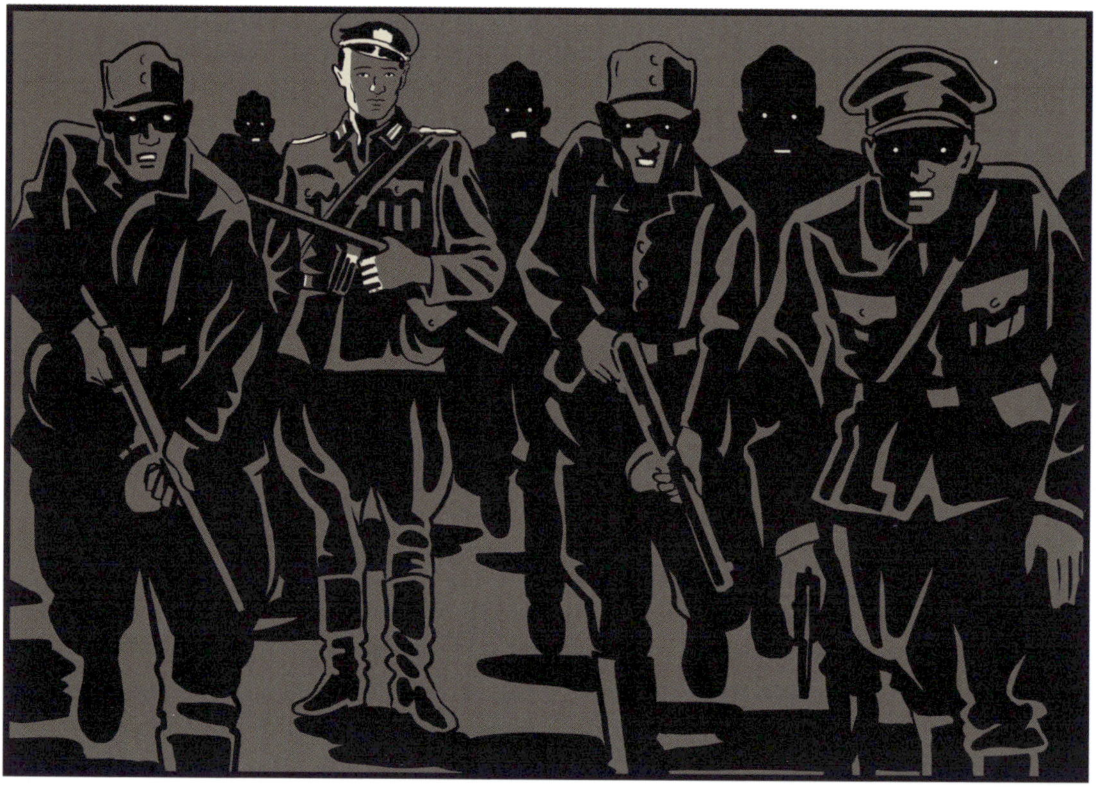

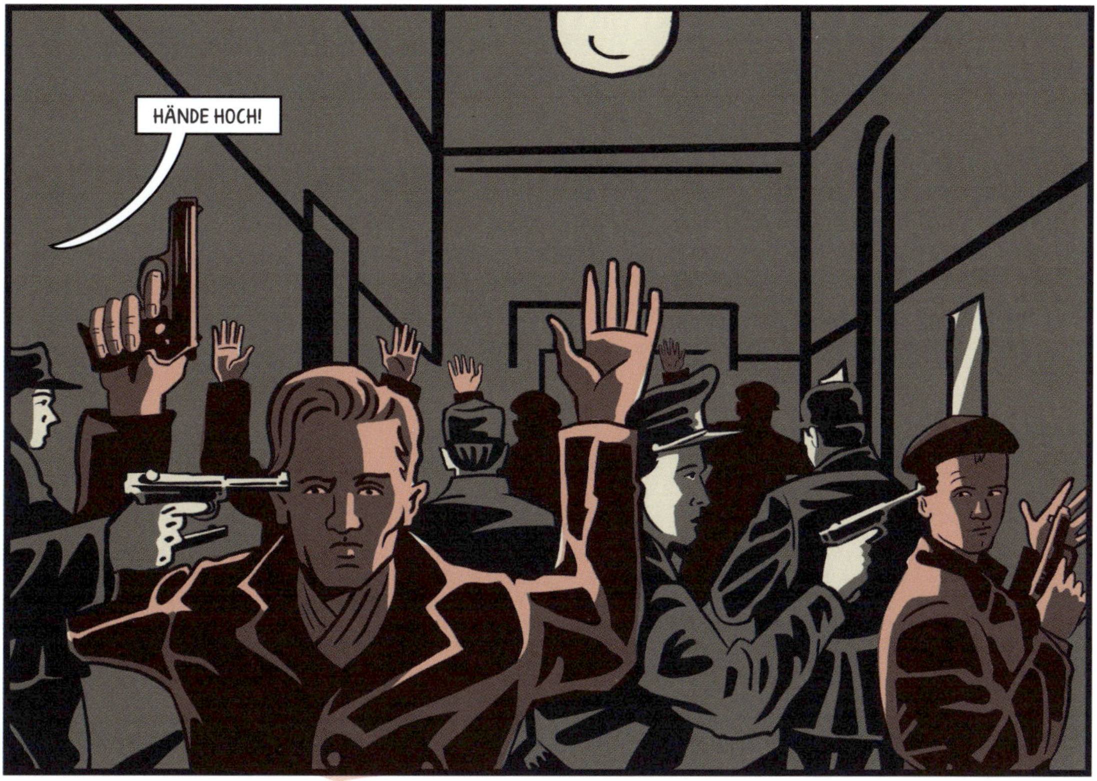
HÄNDE HOCH!

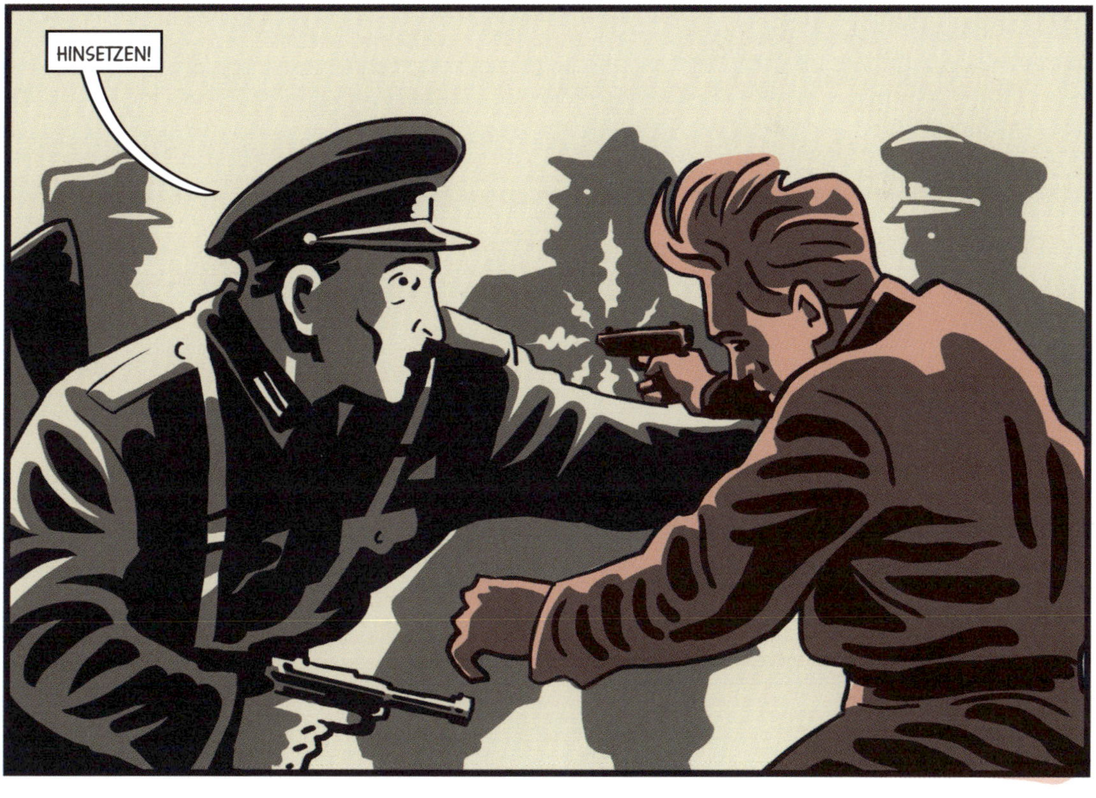
HINSETZEN!

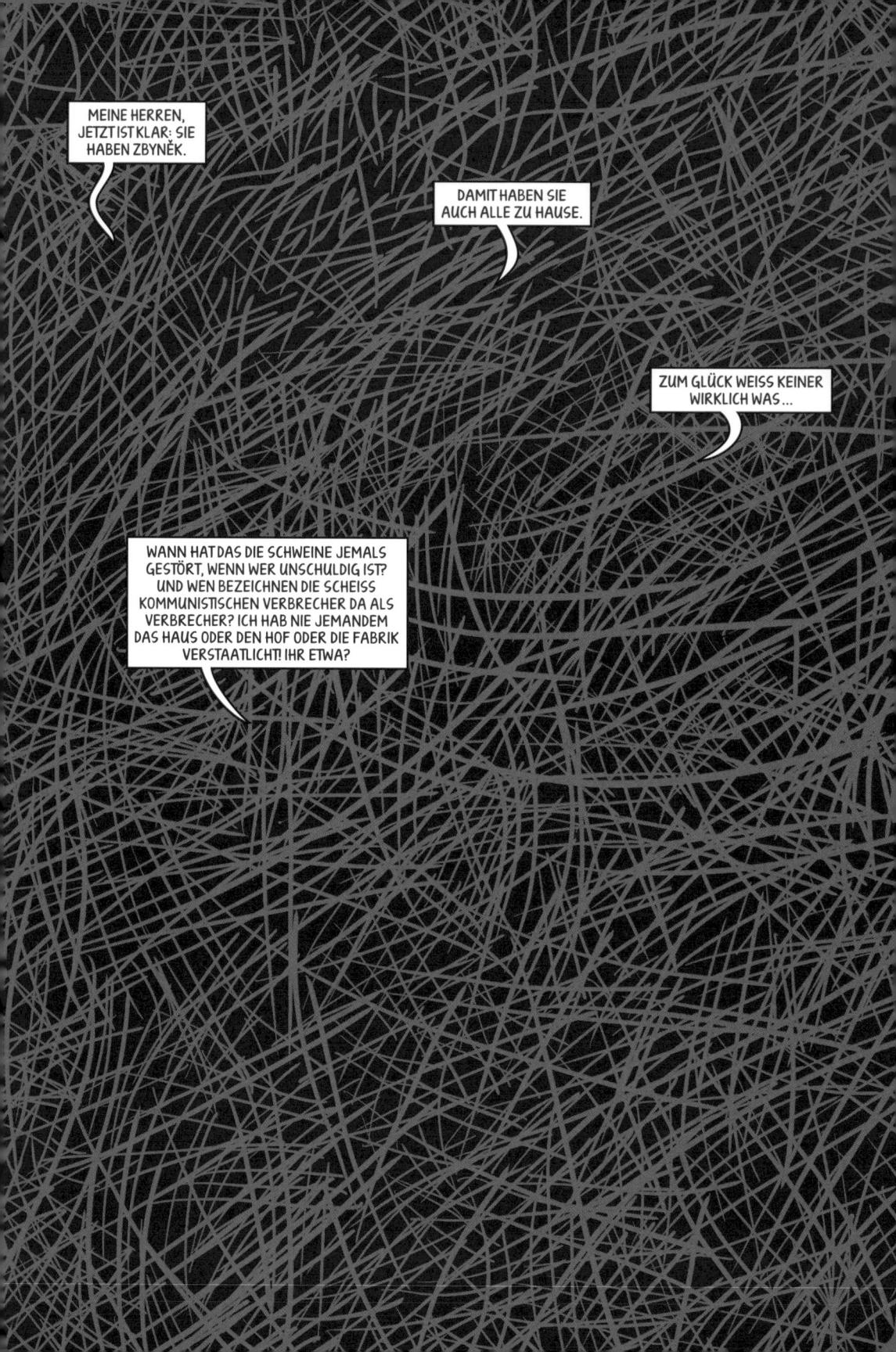

HE! VAŠEK! DU LIEBER HIMMEL! DAS IST JA SENSATIONELL! VAŠEK IST AUCH DURCH!
WAHNSINN, MANN! LÄUFT ALSO NACH WIE VOR.

SIE SIND DURCHGEBROCHEN! DIE VERBRECHER SIND DURCH! ALLE VIER SIND UNS DURCH DIE LAPPEN GEGANGEN!

LOS! NOCH HABEN SIE DAS HIER NICHT BESETZT.

WARTET MAL, ICH ZIEH MIR DIE SCHUHE AUS, DAMIT DIE ELENDEN DINGER NICHT SO KNARZEN.

DIE SCHWEINE HABEN MIR 'N SCHUH WEGGESCHOSSEN. ICH HAB SO'N RUCKEN BEMERKT.

SEI FROH, DASS DU NICHT GERADE 'N STÄNDER HATTEST.

DURCH DAS NETZ KOMMEN WIR NICHT DURCH, RADEK. WIR WISSEN NICHT MAL, WO DIE GENAU SIND ...
IRGENDWO MÜSSEN WIR ABWARTEN. SOLLEN WIR AUF 'NEN BAUM KLETTERN?
ICH WEISS NICHT. HERRGOTT, ICH MUSS MAL GROSS. DAS IST MIR IN DEUTSCHLAND NOCH NICHT PASSIERT.
DANN MACH! WAS IST DAS DENN DORT?

HAST DU'S VERBUDDELT, HM?
BIN JA NICHT BLÖD. DEN ARSCH HAB ICH MIR MIT MEINER MONATSKARTE ABGEWISCHT. DIE WAR NOCH GÜLTIG ...
BIST DU BEKLOPPT? MITTEN AUF DIESER KAHLEN LICHTUNG?
DAS KRIEGT HIER KEINER WEG. CHEF, UNTER DIESEN ÄSTEN VERSTECKEN WIR UNS.

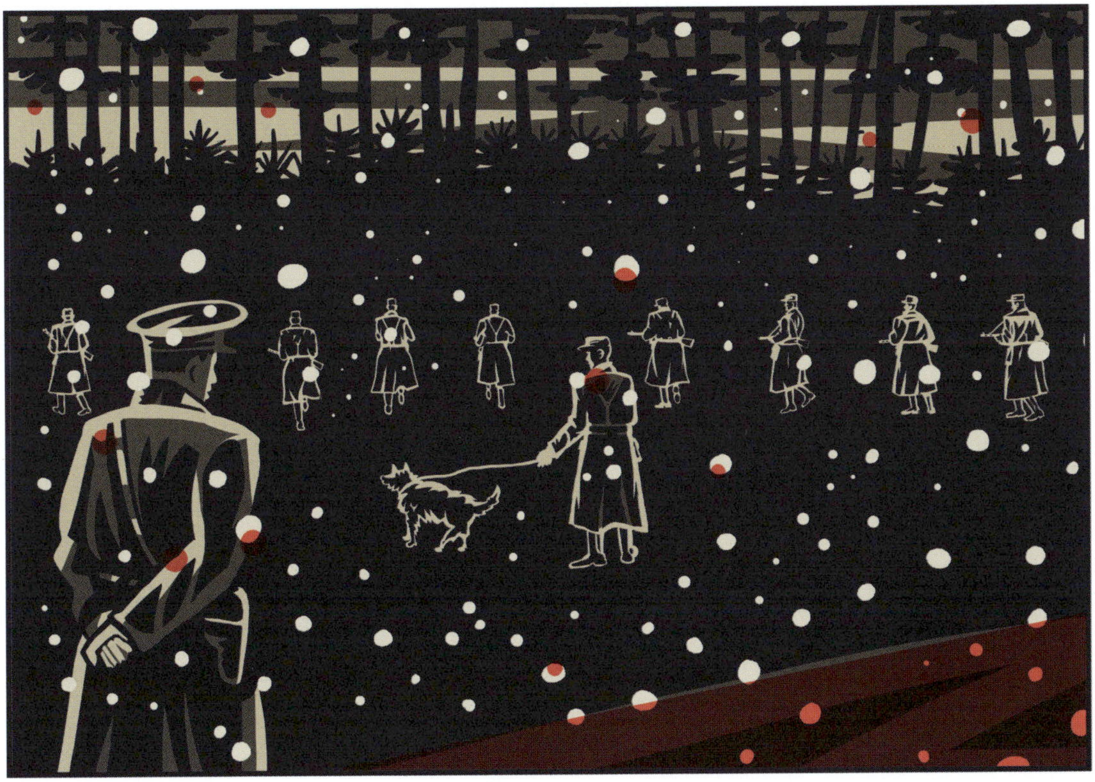

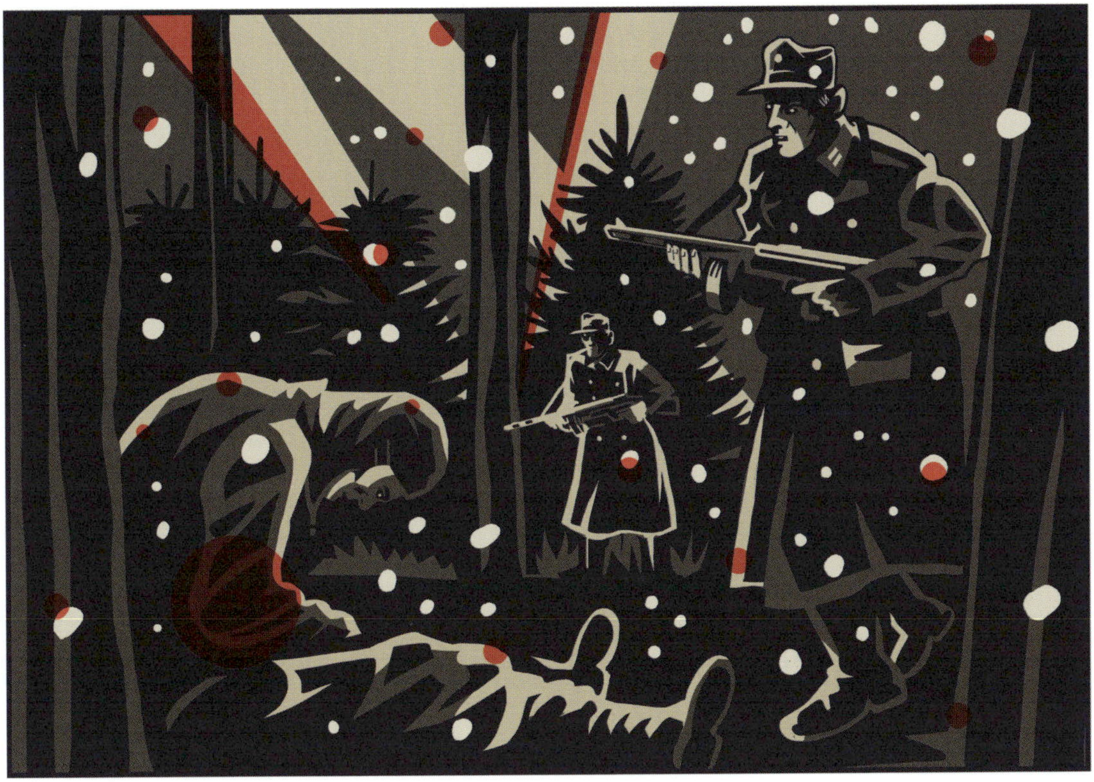

18. OKTOBER 1953

THEORETISCH MÜSSTEN WIR KOMPLETT DIE RICHTUNG ÄNDERN, GENOSSEN ...

JAJA, DAS MÜSSTE REICHEN ... WIR SPICKEN DAS JETZT MAL ORDENTLICH. WAFFE ANLEGEN!

EINE WOCHE SPÄTER

SO, JETZT SIND WIR WIEDER GELIEFERT.

ZOSSEN, 30. OKTOBER 1953

WESTBERLIN, 1. NOVEMBER 1953

MENSCH, UND ICH WAR MIR SICHER, MIT DIR ISSES AUS!

NA UND ICH HAB DASSELBE GEDACHT, ALTER DIVERSANT!

ERLANGEN, NOVEMBER 1953

DIE BRÜDER MAŠÍN UND PAUMER DURCHLIEFEN EIN KOMPLETTES DEBRIEFING IN EINER VON DEN AMERIKANERN GENUTZTE VILLA. ALS KLAR WURDE, WAS SIE ALLES ERLEBT UND GEMEISTERT HATTEN, FINGEN DIE AMERIKANISCHEN GENERÄLE AN, SIE ZU SICH ZUM ESSEN EINZULADEN UND SIE IHREN TÖCHTERN VORZUSTELLEN. SO LERNTEN DIE BEIDEN BRÜDER AUCH MRS. MATHESON KENNEN, DIE IN DEUTSCHLAND DAS INTERNATIONAL RESCUE COMMITTEE LEITETE.

ALSO, GUTEN APPETIT.

MENSCH, SCHON WIEDER KNOCHEN. SO WAS KRIEGEN BEI UNS DIE HUNDE ...
RED NICHT UND KAU! GUCK MAL, WIE DIE UNS ANGLOTZEN.

CTIRAD „RADEK" MAŠÍN

war sechzehn, als ihm Präsident Edvard Beneš 1946 die Tapferkeitsmedaille verlieh. Nach dem Umsturz im Februar 1948 wurde er zur Führungsfigur einer Widerstandsgruppe in Poděbrady und kämpfte gegen die kommunistische Diktatur mit den gleichen Mitteln, die sein Vater, General Josef Mašín, gegen die Nazi-Besatzer eingesetzt hatte. Eineinhalb Jahre musste er Strafarbeit im Uranbergbau leisten, wo er seine Sabotagen weiterführte. Ab 1954 bereitete er sich in der US Army mit seinem Bruder und mit Milan Paumer als Mitglied der Special Forces darauf vor, als Fallschirmspringer im Hinterland des Feindes abgesetzt zu werden. Als die Rote Armee 1956 den Aufstand in Ungarn brutal niederwalzte, begriffen die drei, dass es keinen Krieg gegen den Kommunismus geben würde. Sie beendeten ihren Militärdienst bei den Green Berets nach fünf Jahren. Danach war Ctirad Mašín Bisamjäger, Feinmechaniker, Autohändler und Erfinder. Er war zweimal verheiratet und hatte drei Kinder. Gegen Ende seines Lebens entwickelte und produzierte er einen Ofen für Garagenabfälle, mit dem er auch erfolgreich handelte. 2011 starb er in Cleveland, Ohio, und wurde auf einem amerikanischen Militärfriedhof in Kalifornien begraben.

JOSEF „PEPÍK" MAŠÍN

erhielt bereits mit 14 Jahren von Präsident Edvard Beneš die Tapferkeitsmedaille: Im Krieg hatte er u. a. einem sowjetischen Kriegsgefangenen bei der Flucht geholfen, den er später mit seinem Bruder bei sich zu Hause, direkt unter der Nase der Gestapo, versteckt hielt. Er war das jüngste Mitglied der Poděbradyer Widerstandsgruppe und an mehreren Aktionen beteiligt, obwohl er sich damals gerade als Holzarbeiter im Altvatergebirge in der Produktion bewährte, denn studieren durfte er aufgrund seiner bürgerlichen Abstammung nicht. Nach seiner Flucht nach Westberlin trat er, wie sein Bruder, in die US Army ein und diente fünf Jahre bei den Special Forces. Danach eröffnete er in Westdeutschland eine Pilotenschule und handelte gleichzeitig mit Flugzeugen. In den Sechzigerjahren startete die Staatssicherheit der ČSSR drei vergebliche Operationen, ihn in die Tschechoslowakei zu entführen. Später war Josef Mašín geschäftlich in Afrika sehr erfolgreich. Heute lebt er mit seiner Familie in Kalifornien und kümmert sich um das Marketing für das RFID-System Trovan, an dem er die Rechte besitzt. Mit 86 Jahren fliegt er durch die ganze Welt und verkauft den Transponder für Wahlkarten in Indien, für Rinder in Argentinien oder für Gasflaschen in Afrika.

MILAN PAUMER

war als Schulfreund von Ctirad Mašín eines der Gründungsmitglieder der Poděbradyer Widerstandsgruppe und träumte davon, Schlagzeuger zu werden. Er war an beiden Überfällen auf die Polizeiwachen beteiligt, aber dann erhielt er den Einberufungsbefehl zur Armee. Als die Mašíns beschlossen, in den Westen zu fliehen, desertierte er von seinem Panzerbataillon in Martin (Mittelslowakei). Am Ende der Tour durch Ostdeutschland wurde er bei Berlin in den Bauch geschossen, aber Josef Mašín bugsierte ihn noch bis in den amerikanischen Sektor. 1954 trat er ebenfalls in die US Army ein und wurde ein Green Beret. Ab 1959 war Milan Paumer Unternehmer in Florida, anfangs mit den Brüdern Mašín, später alleine. Zuerst eröffnete er in Miami ein böhmisches Restaurant, später war er Inhaber einer kleinen Taxi-Firma. 2008 verlieh der tschechische Regierungschef Mirek Topolánek ihm und den Brüdern Mašín die Ehrenplakette des Premierministers der Tschechischen Republik.

ZBYNĚK JANATA

war als Schulfreund von Josef Mašín Gründungsmitglied der Poděbradyer Widerstandsgruppe und am Überfall auf eine Polizeiwache beteiligt. Bei der ersten Schießerei mit der ostdeutschen Volkspolizei auf dem Bahnhof Uckro verlor Zbyněk Janata den Kontakt zur Gruppe und wurde am nächsten Tag im nahe gelegenen Pelkwitz festgenommen. In die ČSSR lieferten ihn die Ostdeutschen erst aus, nachdem die tschechoslowakischen Genossen versprochen hatten, dass er vor Gericht die Todesstrafe bekommen würde. Ihr Versprechen erfüllten sie und ordneten ihn der konstruierten Gruppe um Ctibor Novák zu, wohingegen die Brüder Mašín und Milan Paumer in der ČSSR niemals wegen irgendetwas angeklagt wurden - und zwar, damit der Staat kein Risiko einging, dass irgendetwas verjähren konnte. Am 2. Mai 1955 ging Zbyněk Janata als dritter Mann aufs Schafott und die Urne mit seiner Asche wurde auf dem Friedhof Prag-Ďáblice in eine Grube geworfen.

ZDENA NOVÁKOVÁ-MAŠÍNOVÁ

war die erste Ingenieurin der Geodäsie an der Technischen Hochschule Prag und arbeitete als Landvermesserin, aber ihr Herz gehörte der Musik und sie war eine hervorragende Pianistin. 1929 heiratete sie den ehemaligen Angehörigen der tschechoslowakischen Legionen im Ersten Weltkrieg, Oberstleutnant Josef Mašín. Bei Kriegsausbruch ging er sofort in den Untergrund und leitete als einer der „Drei Könige" den Prager Widerstandskampf gegen die Deutschen. Nach seiner Verhaftung weigerte er sich auch nach bestialischen Folterungen, zu sprechen, und so nahm die Gestapo auch seine Frau fest, um den Druck auf ihn zu erhöhen. Ab 1945 kämpfte sie um die posthume Beförderung ihres Mannes zum General. Drei Mal in ihrem Leben wurde Zdena Nováková-Mašínová gewaltsam aus ihrer Wohnung vertrieben, einmal von den Deutschen als Feind des Reichs, zweimal von den Kommunisten als bourgeoises Element. Nach der Flucht ihrer Söhne wurde sie aus dem Krankenhausbett heraus verhaftet. Trotz ihrer Krebserkrankung gab man ihr im Gefängnis Prag-Pankrác den ganzen Winter 1954 lang keine Bettdecke. Obwohl sie von den Aktionen ihrer Söhne nichts Konkretes wusste, wurde sie zu 25 Jahren Zuchthaus verurteilt. Sie starb 1956 im Gefängnis Pardubice, ihr Leichnam wurde auf dem Friedhof Prag-Ďáblice in ein Massengrab geworfen.

ZDENA „NENDA" MAŠÍNOVÁ JUN.

kam als jüngstes Kind der Familie Mašín mit einer Behinderung am Bewegungsapparat zur Welt und musste eine Operation nach der anderen über sich ergehen lassen. Nach der Flucht ihrer Brüder wurde sie festgenommen und brutal verhört, schließlich aber aus der Untersuchungshaft entlassen. Die Staatssicherheit der ČSSR wollte sie als Lockvogel benutzen, sollten ihre Brüder als amerikanische Agenten in die alte Heimat zurückkommen. Die inszenierten Prozesse besuchte sie mit ihrem Onkel und ihrer Mutter, und nach deren Tod kämpfte sie mit der Gefängnisverwaltung um die Herausgabe ihres Leichnams. Vergeblich. Von den Aktionen ihrer Brüder wusste sie nichts, aber die Staatssicherheit kreiste noch bis zum Prager Frühling 1968 aufdringlich um sie herum. Heute verwaltet Zdena Mašínová mit 85 Jahren zwei riesige Mietshäuser, die ihre Eltern einst in Olomouc errichtet hatten. Nach zwanzigjährigem juristischem Kampf erhielt sie vom Staat den Bauernhof der Familie in Lošany zurück, wo sie ein Museum für den „Dritten Widerstand" aufbaut.

CTIBOR „BOREK" NOVÁK

war der Bruder von Zdena Nováková-Mašínová. In der Zwischenkriegszeit war er Offizier der tschechoslowakischen Armee und ließ sich 1939 als Übersetzer beim Reichssicherheitshauptamt anstellen, von wo er seinem Schwager Josef Mašín und dem Prager Untergrund wertvolle Informationen lieferte. In Berlin führte er Sabotageaktionen durch, ehe er im September 1939 erfolglos versuchte, aus dem Protektorat Böhmen und Mähren zu fliehen. Den Rest des Krieges verbrachte er in deutschen Zuchthäusern. Anschließend kehrte er in die tschechoslowakische Armee zurück und diente dort bis 1950 als Major. Er wusste von den Aktionen der Poděbradyer Widerstandsgruppe, war aber an keiner davon beteiligt. Im Herbst 1953 wurde er festgenommen und in einem Schauprozess als zentrale Figur der Gruppe hingestellt. Wegen Hochverrats bekam er die Todesstrafe. Die wurde am 2. Mai 1955 vollstreckt, durch Genickbruch auf einem speziellen Schafott. Er starb mit dem Ausruf: „Mörder!" 1990 wurde er posthum rehabilitiert und 1991 zum Oberst befördert.

VÁCLAV „VAŠEK" ŠVÉDA

stammte aus Lošany bei Kolín, so wie Josef Mašín, den er bewunderte. Zu Kriegsbeginn wollte er Kampfflieger in England werden, wurde aber auf der Flucht aus dem „Protektorat" verhaftet. 1940 versuchte er nochmals, nach England zu gelangen. Er schaffte es über die Grenze des Deutschen Reichs zur Schweiz und meldete sich auf einer Polizeiwache. Dort wurde er festgesetzt, nach Deutschland zurückgebracht und in Berlin zu 15 Jahren Zuchthaus verurteilt. 1952 wurde Švéda als „Krautjunker" mit seiner Frau und den zwei kleinen Kindern vom Hof seiner Familie vertrieben. Er war an mehreren Aktionen der Poděbrader Widerstandsgruppe beteiligt, bei denen er die Todesstrafe riskierte, weshalb er sich den Brüdern Mašín auf ihrer Flucht nach Berlin anschloss. Nach 14 Tagen unterwegs wurde er bei Waldow angeschossen, er verlor viel Blut und wurde am nächsten Tag von Polizeihunden aufgespürt. Zurück in der ČSSR, wurde Václav Švéda auf Anweisung des Politbüros zum Tode verurteilt. Vor seiner Hinrichtung durfte er im Gefängnis keinen Besuch von seiner Familie empfangen, auch die Briefe von seinen Kindern wurden ihm vorenthalten. Er wurde am selben Tag wie Ctibor Novák und Zbyněk Janata durch Genickbruch hingerichtet, die Beisetzung seines Leichnams wurde verboten.

GLOSSAR

S. 13	Rudé právo	(dt: „Rotes Recht"), das Zentralorgan der Kommunistischen Partei (KPČ).
S. 16	Prag, Bartolomějská ulice	bis 1990 Hauptsitz und Verhörzentrale der Staatssicherheit. Zwischen 1947 und 1963 gab es hier eine berüchtigte Haftanstalt.
S. 25	Nationalausschuss	entspricht Rat der Stadt (des Kreises, des Bezirks etc.).
S. 32	Verbindung mit London	In London saß die tschechoslowakische Exilregierung unter Beneš.
S. 48	Drei Könige	eine Sabotage- und Spionagegruppe der Widerstandsvereinigung Obrana národa (Verteidigung der Nation), von der Gestapo nach der Signatur ihrer Hauptakteure Josef Balabán, Václav Morávek und Josef Mašín (B+M+M) benannt.
S. 48	Čikl	Václav Čikl, ein Geistlicher, der nach dem Attentat auf Heydrich Ende Mai 1942 den Verschwörern Unterschlupf gewährte; das Versteck wurde gestürmt, die Attentäter getötet und Čikl später von der Gestapo hingerichtet.
S. 54	Milada Horáková	wurde als Widerständlerin nicht nur von der Gestapo verfolgt und bestraft, sondern auch nach der kommunistischen Machtergreifung in der ČSSR. 1950 wurde sie in einem großen Schauprozess zum Tode verurteilt und kurz darauf hingerichtet.
S. 98	Armee von diesem Čepička	Alexej Čepička (1910-1990) bekleidete zwischen 1947 und 1956 diverse hohe Regierungsämter, von 1950 bis 1956 als Verteidigungsminister. Schwiegersohn des ersten kommunistischen Staatspräsidenten Klement Gottwald; nach dessen Tod im März 1953 und im Zuge einer vorsichtigen Entstalinisierung begann sein Stern allerdings rasch zu sinken.
S. 109	Ehre der Arbeit	Gruß, der erstmals in den 1920ern von den Baťa-Mitarbeitern in Zlín gebraucht wurde, nach 1948 wurde er allgemein als Norm angesehen. „Guten Tag" galt als bürgerlich-reaktionäres Relikt.
S. 130	der Dritte Widerstand	Bezeichnung für den antikommunistischen Widerstand.
S. 134	LM	Volksmilizen (tsch.: Lidové milice), ein Pendant zu den Kampfgruppen der Arbeiterklasse bzw. Betriebskampfgruppen in der DDR.
S. 135	zu den Schwarzen Baronen	So nannte man diejenigen, die - meist aus politischen Gründen - bei den Technischen Hilfsbataillonen (PTP) der Tschechoslowakischen Volksarmee Zwangsarbeit leisten mussten; diese Lager bestanden zwischen 1950 und 1954.